LETTRES

SUR

LA REVISION

DE LA CONSTITUTION

PAR

Édouard BOINVILLIERS

PARIS

DUBUISSON et Cⁱᵉ, IMPRIMEUR BREVETÉ

5, RUE COQ-HÉRON, 5

1881

a Monsieur Schœlcher
député

Envoyé par l'auteur

LETTRES

sur

LA REVISION

de la Constitution

LETTRES

SUR

LA REVISION

DE LA CONSTITUTION

PAR

Édouard BOINVILLIERS

PARIS

DUBUISSON et Cie, IMPRIMEUR BREVETÉ

5, RUE COQ-HÉRON, 5

1881

LETTRES

SUR LA

REVISION DE LA CONSTITUTION

A Monsieur *HENRY DE PÈNE*,
Rédacteur en chef du « Paris-Journal ».

Monsieur,

A titre d'ancien et de fidèle abonné, vous avez bien voulu me demander de vous renseigner sur la politique que compte suivre le parti bonapartiste aux élections générales prochaines.

Pour répondre utilement à votre question et satisfaire votre curiosité de conservateur indépendant, il me faut vous dire à la fois ce que je vois dans la grande ville et ce que je sais de l'esprit de nos provinces.

Je dois vous avouer que mon bonapartisme quand même aurait été mis à une rude épreuve, si je n'avais eu à opposer la sagesse des soldats à la fantaisie des chefs, l'esprit de suite et la fidélité de nos électeurs aux souffles de désordre qui ont fait rage parmi nos futurs candidats.

A la mort de notre cher Prince Impérial, chacun jetant la discipline aux orties est sorti du rang; les tendances les plus contraires s'affirmaient hautement; on ne savait auquel entendre, et surtout auquel obéir. Ici, il fallait faire acte d'adhésion à la république; là, porter ses forces à la royauté légitime; on en trouvait même pour vanter le coup d'œil et l'esprit de décision des princes d'Orléans. La confusion s'étendant des principes aux personnes, on parlait de se séparer du prince intelligent que les constitutions impériales venaient de placer au premier rang; ce personnage paraissait décidément trop démocratique à certains esprits, fort estimables d'ailleurs, mais qui s'étaient habitués, depuis dix ans, à se dire plutôt conservateurs que bonapartistes ; on parlait d'exiger au plus vite une abdication devenue nécessaire, et de faire monter théoriquement sur le trône le prince Victor ; si ce jeune homme, fort bien élevé, répugnait à la vilaine besogne qu'on lui demandait, on chercherait dans la famille quelque ambition moins scrupuleuse.

M. Rouher, le grand et respecté *leader* du parti, rentrait modestement sous sa tente. M. Paul de Cassagnac, M. Jules Amigues, s'éloignaient avec éclat : c'étaient deux talents incontestés et deux journaux utiles perdus. M. Raoul Duval, qui a eu ses grands jours de tribune, prenait la direction de l'*Ordre* et du *Peuple français*, qui venaient de sombrer dans la tourmente; et ces journaux, autrefois officiels, se séparaient sur plus d'un point de la politique connue du chef du parti ; ce dernier, désirant très naturellement avoir aussi son journal, créait celui qui porte aujourd'hui son nom ; la naissance elle-même de cette petite feuille, qui ne réclamait que l'accord de trois personnes, fut embarrassée par la démission de l'une d'elles : le désordre, les cris, la confusion semblaient être partout. L'émiettement du parti se poursuivait jusqu'à transformer les miettes en poussière ; tout était irrévocablement perdu !

Nos adversaires qui affirment notre mort aussi souvent, au moins, qu'ils célèbrent la fondation définitive de leur république, triomphaient.

Donc, monsieur le rédacteur, votre Paris si intelligent prétend que les bonapartistes n'existent plus ; on m'écrit même de la capitale que le maître de Trompette est si sûr de la chose, qu'il oublie les injures dont il était prodigue à notre égard, et nous engage en souriant à demander sa souveraine protection.

En vérité, quand j'ai entendu raconter toutes ces misères, je me suis dit une fois de plus, et malgré toutes les apparences, que nos provinciaux ont dix fois plus d'esprit que vos Parisiens ; qu'ils ont en partage la sagesse qui vous manque et qu'ils sauveront encore une fois la France que vous perdez. Dans votre Babel où l'on crie la politique comme on crie la rente autour de la corbeille des agents de change, vous avez passé à côté du caractère le plus saisissant de notre parti : vous ne voyez que des divisions là où règne l'unité la plus absolue. Ah ! sans doute, il peut, il doit y avoir, dans un parti qui a compté à différentes reprises de 6 à 8 millions d'adhérents, des différences sur les points secondaires. M. Rouher et M. Gaudin ne sont pas exactement d'accord sur la somme de protection qu'il convient d'accorder à telle ou telle industrie. Il y a des concordataires intraitables comme le très catholique M. Pascal, et bon nombre d'aimables voltairiens qui ne jurent plus que par les congrégations religieuses ; tout le monde n'est peut-être pas de l'avis de M. Haentjens sur la conversion ; on en trouve qui aiment les libertés et d'autres qui les détestent ; mais il existe une doctrine fondamentale, sur laquelle tout le monde, absolument tout le monde, est d'accord. Est-il, en effet, un seul bonapartiste, à quelque nuance d'opinion qu'il appartienne, qui hésite à inscrire sur son drapeau l'élection du chef de l'Etat par le peuple directement consulté? Or, tout est là, car c'est un principe de telle conséquence que le mécanisme gouvernemental en découle, et sans pousser plus avant la démonstration, n'est-il pas évident que le Parlement tout-puissant ne saurait exister côte à côte avec un chef ainsi élu? Le peuple ne peut donner deux couronnes à la fois : on a commis cette faute en 1848, et l'on sait ce qu'il en est advenu.

Je vous disais qu'il n'existe pas un bonapartiste électeur ou candidat qui répudie cette doctrine fondamentale, doctrine tellement particulière au parti qu'aucun autre, aussi bien parmi les conservateurs que chez les républicains, ne l'accepte, et qu'il est comme la marque de fabrique du génie des Napoléons; mais je me hâte d'ajouter que c'est aussi le drapeau de notre chef actuel, et pour que personne ne puisse prétexter d'ignorance à ce sujet, M. Lenglé a déposé à la Chambre un projet de revision de la Constitution, dont les deux articles fondamentaux sont l'élection du chef de l'Etat par le peuple et l'exclusion des ministres du Parlement : les prétendus dissidents ne seront donc pas longtemps à se mettre d'accord, puisqu'ils ont tous sans exception le même idéal politique; et votre Paris, qui ne cesse de répéter que le parti bonapartiste est divisé sur toutes les questions, sera fort étonné d'apprendre que ces irréconciliables marcheront au scrutin avec l'ensemble de troupes qu'abrite un même drapeau. Couvrez-vous la tête de cendres, Parisiens mes frères, nos électeurs ne connaissent pas le premier mot de vos querelles. Ils estiment honnêtement que tous ceux qui ont été à la peine doivent être à l'honneur ; quand la débâcle du bon sens commencera, quand le courant des idées saines se formera, ils jetteront pêle-mêle dans l'urne électorale les noms de ces prétendus ennemis qui sont en réalité des frères parfaitement unis.

Vous remarquerez, monsieur le rédacteur, que ce programme laisse dans l'ombre la forme du gouvernement, et qu'on peut en faire sortir aussi bien la République que l'Empire.

Les amis du prince Napoléon prétendent
que leur chef vise plus particulièrement
la République et lui prêtent à peu près ce
langage (je ne garantis que le fond et non
la forme) : « Il faut concentrer ses efforts
» sur un but pratique ; à moins d'une ré-
» volution, dont tout le monde aujourd'hui
» veut faire l'économie, -il n'y a qu'une
» chose possible, c'est la revision de l'ab-
» surde Constitution qui nous régit, et la
» remise au peuple de la nomination du
» chef de l'Etat : — C'est la théorie napo-
» léonienne par excellence, et il n'est pas
» un bonapartiste qui puisse la déserter ;
» — la forme du gouvernement, qui n'est
» pas chose indifférente, a cependant
» moins d'importance que le fond.— Assu-
» rons-nous du fond, Dieu et le peuple dé-
» cideront du reste. »

Bien que impérialiste fort intransigeant,
comme vous savez, je vous avouerai sans
détour que je trouve cette politique honnête,
sensée et pratique ; je fais profession de
détester la République — j'entends celle
de nos républicains, — mais je préfère de

beaucoup la République sans Parlement souverain, que nous promet le prince, à l'Empire parlementaire de 1870 : l'un est orthodoxe et l'autre-schismatique; d'un côté, c'est le renouveau et l'espérance; de l'autre, c'est la fin lamentable d'une vieillesse qui n'a même pas été respectée.

Je vous le dis, en vérité, le Parlement souverain, c'est l'ennemi — et il est bien souverain dans notre Constitution, car le maitre n'est pas celui qui nomme les ministres, mais celui qui les renvoie : avec un tel Parlement, on ne peut établir que des monarchies bourgeoises ; or le drapeau des Napoléons est celui d'une démocratie laborieuse et sage, capable de châtier cette populace ignoble qui ne vit que de ses vices et qui prétend parler au nom du peuple, dont elle n'est que la caricature souillée.

Au surplus, cette question de la forme du gouvernement est nécessairement prématurée : le prince Napoléon peut laisser deviner les préférences de sa politique, et les gens avisés peuvent approuver sa conduite, mais dans les élections générales qui s'approchent, il n'y a pas de fauteuil-présidentiel à donner, et tout l'effort du parti se bornera à demander la revision de la constitution dans le sens napoléonien, c'est-à-dire la nomination du pouvoir exécutif par le peuple. Ce sera là le drapeau du chef et de tous les soldats. Si cette politique trouve de l'écho dans le pays, le prince sera investi d'une autorité morale suffisante pour obtenir la revision ; alors le peuple, auquel la parole sera rendue, fera entendre sa voix souveraine, et tout le monde obéira.

Je termine, monsieur le rédacteur en chef, en ajoutant que cette politique du parti bonapartiste paraît devoir se concilier très heureusement avec celle des autres partis conservateurs ; nous ferons, en effet, la récolte des voix qui veulent tout au moins modifier profondément le régime actuel ; vous ferez, de votre côté, la récolte de celles qui veulent le renverser pacifiquement, et il n'est pas impossible que nous réunissions de la sorte un nombre de votes constatant que, dans le pays, la république qui nous gouverne est en minorité. Aux dernières élections générales, l'écart entre les deux adversaires n'atteignait pas huit cent mille voix ; en en déplaçant un nombre relativement minime, on obtiendrait un grand résultat.

Bien qu'il s'agisse en apparence de députés à nommer, l'élection prochaine ne sera, en réalité, qu'une addition.

Agréez, monsieur le rédacteur en chef, etc.

(Paris-Journal *du dimanche 20 février 1881.)*

I

*A Monsieur CONIL, Rédacteur en chef
du journal « l'Ordre ».*

Monsieur le rédacteur en chef,

Ne trouvez-vous pas utile de dissiper les nuages que nos adversaires se plaisent à accumuler sur la doctrine et les actes du parti bonapartiste ? Les élections générales approchent, et ce qui était utile hier peut être nécessaire demain.

Pour moi, la politique de notre parti et celle de son chef se résument dans un seul mot : *la Revision*. Y a-t-il autre chose à faire, et, ce faisant, peut-on arriver au but, ou, pour parler comme les mathématiciens, cette politique est-elle nécessaire et suffisante ? Examinons.

Elle est nécessaire, parce qu'il faut se mêler au mouvement pour le modifier, et entrer dans la légalité du jour pour fonder une légalité nouvelle.

Tout e autre action aboutit à la révolution dont le pays est las.

Elle est nécessaire, parce que ce programme, ainsi réduit à sa plus simple expression, peut être adopté par un nombre considérable d'électeurs, ayant des vues très divergentes, et que cette masse énorme d'adhérents est indispensable pour obtenir pacifiquement la réforme de notre pacte constitutionnel. Où trouver une formule plus compréhensive et plus capable d'attirer les conservateurs de toutes nuances qui détestent avec grande raison le mécanisme politique du jour, plus capable également de séduire les républicains doctrinaires, — ceux d'autrefois, qui vivaient de théories, et non de principes — et qui supportent impatiemment d'être emprisonnés dans une Constitution faite par des monarchistes et pour des monarchistes ?

Nous avons un bout de route à faire ensemble. Faisons-le de bonne grâce. Arrivés au but, chacun de nous reprendra sa liberté.

La politique du parti bonapartiste est

2

donc nécessaire : est-elle suffisante, autrement dit, peut-elle conduire au port ?

Assurément oui !

En effet, si nous réunissons un nombre de voix qui puisse imposer la revision aux pouvoirs publics, l'attitude si nette de notre parti et de son chef rendra la tâche facile à tous : il n'y aura plus lieu de craindre les confusions d'autrefois ; alors que les conservateurs se battaient masqués, il a pu y avoir surprise chez l'électeur et il y a eu certainement de cruels embarras dans le cénacle des élus, si cruels même qu'ayant remporté la victoire, on n'a pu s'entendre et que la République a prévalu.

Mais il suffit qu'un des combattants engage l'action à visage découvert pour que tous les autres soient obligés d'en faire autant. Comment redouterait-on les périls d'une confusion, puisqu'il est de notoriété publique que les bonapartistes ne se servent utilement que d'un mécanisme politique bien connu ? En fait, comme en doctrine, ils ne reconnaissent pour chef de l'Etat qu'un personnage élu directement par le peuple, et la conséquence capitale de cette élection, c'est la mise au rebut de ce gouvernement de malheur qui s'appelle le parlementarisme.

Donc et pendant la bataille, chacun aura son drapeau. Examinons avec précision qu'elles seraient les conséquences multiples de cette action :

Tous ceux qui trouvent notre Constitution détestable peuvent être complètement battus. Alors la République actuelle suivra son cours, et, malgré nos efforts pour les conjurer, amènera les catastrophes prédites par tous les esprits éclairés.

Les révisionnistes, quoique battus, peuvent obtenir cependant une minorité suffisante pour être les maîtres désignés du pays, si le gouvernement commet des fautes graves.

Enfin, si les révisionnistes sont vainqueurs, ils se rassemblent en Congrès et modifient la Constitution après avoir donné la parole aux aspirations politiques diverses représentées pour les députés nouveaux.

Si la Constitution est modifiée dans le sens bonapartiste, les citoyens de la grande nation se réuniront dans leurs comices pour nommer leur chef.

On pense que le prince Napoléon, scrupuleux observateur de la légalité, se portera candidat à la présidence de la République.

Avec un chef élu directement par la nation, le nouvel établissement politique deviendra un gouvernement d'essence napoléonienne, aussi éloigné de la République actuelle que l'Empire parlementaire de de 1870 s'en rapprochait.

Le suffrage universel, directement consulté, n'a jamais amené au pouvoir que des solutions conservatrices ; il est fort, mais il est aussi intelligent ; il faut en finir avec cette vieille redite de sa perpétuelle minorité ; il est majeur, car la prétention de corrompre à la fois des millions d'électeurs est absolument ridicule. Demandez aux puissants du jour ce qu'ils pensent à ce sujet ; ils vous répondront que le suffrage universel est aussi intelligent que perspicace et qu'ils fournissent la meil-

leure preuve de la sincérité de leur sentiment en n'osant pas le consulter.

Quel que soit le rôle que le peuple réserve à notre chef, il est un point sur lequel amis et ennemis sont aujourd'hui parfaitement édifiés ; il ne gouvernera que
comme chef élu et responsable d'une démocratie alors capable de se faire respecter
au dehors et obéir au dedans. Le pouvoir
ainsi défini n'a rien de commun avec la
Constitution marécageuse qui nous empoi-
sonne et dans laquelle la France enfonce
tous les jours davantage. Dans la pensée de
ses amis, le prince Napoléon avait deux politiques à suivre : rester empereur de droit
et attendre patiemment que Dieu lui
rende sa couronne ; ou bien solliciter de
nouveau le suffrage de ses concitoyens. Il
a choisi ce dernier parti, et je le crois, pour
mon compte, sage, pratique et plein d'une
honnêteté fort rare chez les prétendants
qui recherchent souvent le pouvoir sans dire
publiquement et à l'avance à quelles conditions ils entendent l'exercer.

Le prince est porteur d'un nom illustre

entre tous, il est l'héritier légitime d'un trône, mais il sait les malheurs, peut-être les fautes du passé, et comme il ne veut aucune méprise, il se dépouille de ses titres et de ses droits pour paraître dans l'arène électorale.

Il est seul, en face de puissants rivaux ; c'est le vaincu d'hier, et il combat contre toutes les forces réunies du pouvoir ; une pareille attitude n'est le fait ni d'un médiocre courage, ni d'une petite intelligence, en tout cas, c'est le contraire d'un acte d'autorité.

Agréez, etc.

(L'ORDRE *du dimanche 20 mars 1881).*

Ces articles et les suivants ont été insérés dans l'*Ordre* avec la réserve que la rédaction politique de ce journal, tout en acceptant formellement la thèse de la revision et l'élection du chef de l'Etat par le peuple ne s'engageait pas à approuver toutes nos appréciations sur des points de détails.

II

Monsieur le Rédacteur en chef,

Le journal *le Temps* m'ayant fait l'honneur de discuter, en termes fort courtois, l'article que vous avez publié sur *la Revision*, j'ai de nouveau recours à votre bienveillante hospitalité, et vous prie d'insérer quelques mots de réponse, qui, d'ailleurs, n'engagent que moi.

Le *Temps* suppose que le parti bonapartiste est divisé en deux groupes fort distincts : « Il y aurait, d'un côté, les impérialistes, qui ont la prétention d'attaquer de front le régime actuel, et, de l'autre, le groupe de gauche qui s'est aperçu que les violences ne conduisaient à rien... qui a fini par se lasser d'une guerre stérile, et qui, au lieu de continuer contre la place républicaine un siège en règle, a baissé pavillon et demandé à y entrer. »

Avant de réfuter cette grosse erreur, que

l'honorable rédacteur du *Temps* veuille bien convenir qu'il nous met dans une position vraiment difficile ; ceux d'entre nous qui « ne veulent pas tourner l'obstacle, mais l'aborder de front, » sont traités par lui de factieux, et, quand nous parlons d'une opposition constitutionnelle à faire par les voies légales au régime du jour, on insinue que nous ne sommes que d'aimables fourbes tendant au même but par une voie détournée : à savoir, le renversement de la République actuelle.

Je veux donner de suite à mon contradicteur une satisfaction complète et lui montrer des trésors de candeur capables de le faire revenir sur la méchante impression qu'il a conçue de nous. Oui, tous, tant que nous sommes, nous rêvons, recherchons avec passion, le renversement de la *république actuelle*, nous pensons que cet établissement politique est mal venu au monde et qu'il n'a rien de ce qu'il faut pour satisfaire les sentiments et les intérêts d'une grande nation démocratique. Nous nous trompons peut-être, mais notre innocence est si parfaite, que nous voulons demander au peuple de confirmer ou de réformer notre jugement sur ce point.

En vérité, il est de certains jours où les mots changent de sens ; c'est notre *astuce* qui demande consultation populaire et c'est la *loyauté* de nos adversaires qui la refuse. J'espère que le public impartial sera bientôt mis à même de rendre aux mots leur valeur consacrée par l'usage : à entendre nos contradicteurs, la *revision* « n'est qu'une pratique ingénieuse, qui a » le double défaut d'avoir déjà servi et de » couvrir imparfaitement une ruse si ma- » nifeste, qu'elle aura quelque peine à » trouver des dupes. En 1848, la Répu- » blique a déjà servi de marchepied à l'Em- » pire. »

C'est toujours le cauchemar du coup d'État que les républicains seuls rendent inévitable par leur politique brouillonne ; mais il faut dire, une fois pour toutes, que notre intérêt, notre intérêt le plus évident, nous conseille d'éviter tout ce qui ressemble ou touche à la violence; n'avons-nous pas des yeux pour voir et des esprits pour comprendre que ces violences à la fois nécessaires et fâcheuses, sont un mauvais début de gouvernement, et que le souvenir qu'en gardent les citoyens sont, pour ce gouvernement, une gêne pendant toute la durée de son existence?

Il n'y a pas en France, depuis 1789, d'établissement politique qui n'ait eu une origine troublée. Les Empires se sont fait légitimer et excuser en quelque sorte par le peuple, et les auteurs des autres constitutions politiques n'ont demandé ni excuses, ni légitimation.

C'est peut-être un rêve que d'arriver au pouvoir sans trouble ni violence, que de rendre à la France entière, et d'arracher aux émeutiers des rues de Paris, le libre choix de ses destinées : mais c'est là le rêve que nous caressons; qu'on ne se hâte pas de crier aux Grandissons politiques, après avoir assuré que nous sommes des fourbes aussi dangereux qu'avisés. Il y a certainement dans la situation actuelle des chances de succès pour cette politique honnête.

D'un côté, la Constitution de 1875 étale publiquement ses misères, et en se faisant les champions d'une revision, on va droit au cœur de bien des gens.

De l'autre, on est vraiment las de révolutions, et cette revision rendrait inutile, par conséquent, et impossible toute espèce de coup d'Etat.

En effet, si on décide qu'il y a lieu de faire choisir par le peuple le chef de l'Etat, on ne commettra pas en 1881 la faute qu'on a commise en 1848, de laisser le gouvernement du pays à la merci de deux chefs à la fois : dans ces conditions, le duel était inévitable entre le Parlement souverain et le chef élu, et le coup d'Etat pouvait être prédit avec certitude; instruit par l'expérience, on éviterait ce dualisme, et toute chance de violence aurait en même temps disparu.

Voilà, en deux mots, toute notre politique de revision : la réformation paisible d'une Constitution condamnée.

Agréez, etc.

(L'Ordre du jeudi 24 mars 1881.)

III

Monsieur le rédacteur en chef,

Votre journal et moi poursuivons le même but, la revision de la Constitution ; mais il paraît que nos moyens de la combattre seront différents.

Vous voudriez lui opposer la démocratie morale, et moi la démocratie autoritaire.

J'estime que tous les moyens légaux sont bons pour venir à bout de cet être mal bâti, et je constate que non seulement vous défendez mais vous pratiquez la liberté en permettant à un écrivain qui ne partage pas toutes vos vues, d'exposer les siennes dans votre propre demeure.

Le *Siècle* et le *Soleil* m'ont fait l'honneur de discuter les articles que j'ai récemment signés chez vous. Ce sont deux adversaires bien différents, mais fort utiles à combattre, car ils ont une grande autorité et un nombre considérable de lecteurs.

Commençons par le *Siècle* :

Il m'est difficile d'apercevoir, dans son article du 28 mars dernier, autre chose qu'une très grande indignation contre l'Empire passé, et une horreur fort peu dissimulée contre un Empire futur : — sur le point précis de la revision, sur le moyen fort honnête qu'elle procurerait aux gens qui n'aiment pas la République actuelle, de la modifier pacifiquement à leur gré, je ne trouve pas un mot.

Le *Siècle* veut bien reproduire quelques lignes d'un de nos articles prouvant, selon moi, avec la dernière évidence, que si un Congrès avait décidé l'élection du chef du pouvoir exécutif par le peuple, toute possibilité de coup d'Etat aurait à l'instant disparu, car averti par l'expérience, on ne retomberait pas dans la faute commise en 1848.

Après la citation, je ne vois aucune réfutation ; on se borne à dire que nous voulons « et la couronne sur la tête de M. Jérôme et la nation sous son talon » et on termine triomphalement en me supposant à la tête d'un commerce pour lequel je ne me sens aucune aptitude, celui de *vendeur de peau qui n'a oublié qu'une chose, c'est de tuer l'ours.*

Cette fine littérature et ce style imagé veulent dire sans doute que la République est un ours, et que je veux sacrifier ce gros animal.

C'est à tort que l'on nous prête d'aussi noirs desseins, nous n'avons aucune prétention à nous croire infaillibles, et, dans la crainte de nous tromper, nous ne déciderions jamais même de la mort d'un *ours* sans avoir, au préalable, demandé l'avis de tous les consommateurs ; en bon français, nous aimons à consulter le peuple, et tout le monde ne sent pas le courage d'en faire autant.

Quant à *la couronne de M. Jérôme,* je n'y puis encore absolument rien, et si la nation librement consultée aimait mieux cette couronne présidentielle que celle de nos grands hommes d'aujourd'hui, si elle avait le mauvais goût de préférer un Napoléon à un Gambetta : il faudrait que nos adversaires s'en contentassent.

Bien que le *Siècle* ne donne aucune raison pour combattre la revision, il est visible qu'il en a peur : les gros mots par lesquels il débute trahissent son sentiment sur ce point. Ecoutons-le : « Quoique le plus efficace et et le plus actif agent de la destruction du bonapartisme ait été le bonapartisme lui-même, quoique la prédication anti-bonapartiste se soit faite, non d'après une théorie, mais bien par des faits qui sont d'abord : vingt années de pouvoir exercé dans un esprit personnel et absolu, après avoir été saisi par le parjure et par la force, ensuite cinq milliards de rançon et le démembrement de notre territoire, quoique le suffrage universel se détourne avec mépris de ses candidats, alors même qu'ils se présentent à titre de convertis, les bonapartistes se cramponnent à li'dée qu'il leur est possible encore de reprendre situation dans un pays qu'ils ont opprimé, ruiné et livré... Le projet de revision de la Constitution les ramène à l'espoir de se reconstituer en parti militant ».

Voilà de bien grosses injures, un peu

démodées aujourd'hui et que nos adversaires n'emploient maintenant que lorsque les bonnes raisons leur font défaut. Peu à peu, les écrits, les faits constatés, la polémique ont amené le partage des responsabilités encourues, et c'est aux républicains eux-mêmes que l'histoire fera tous les reproches immérités qu'ils nous adressent.

L'esprit d'opposition et l'esprit de gouvernement se sont livré bataille pendant toute la durée de l'Empire, qui est tombé non pour avoir retardé, mais pour avoir encouragé ce que la bourgeoisie appelle un régime libéral, et qui n'est autre chose que la tyrannie mesquine qu'elle exerce au mieux de ses intérêts ; cet esprit d'opposition fut aveugle et nia la guerre probable ; il fut imprévoyant, et refusa les crédits nécessaires pour s'y préparer.

Quand la guerre fut menaçante et qu'il restait une chance de la conjurer, l'opposition perdit tout son sang-froid ; ayant rongé, miné, outragé le principe d'autorité elle ne se sentit pas la force nécessaire pour imposer silence à la multitude affolée. C'est là, en effet, œuvre de souverain et non de Parlements irresponsables, grisés par le pouvoir qu'ils viennent de conquérir et incapables de se retourner contre la foule encore chaude de leurs caresses ; le Parlement souverain et la garde nationale sont deux jumeaux : ils combattent et défendent alternativement la loi, quand ils trouvent avantage à le faire.

Lorsque nos revers furent connus à Paris, l'opposition devint révolutionnaire, et le Parlement suivant la tradition classique se transforma en République.

La guerre, compliquée d'une révolution devant l'ennemi, doublait les forces des Prussiens ; c'était un crime de lèse-patrie ; nos arrière-petits-fils auront encore la rougeur au front, quand ils liront cette page honteuse de notre histoire. C'est en vain que S. M. l'Impératrice, déjà en exil, sollicitait généreusement le czar de remplir ses promesses : la cruelle réponse ne se fit pas attendre. La Russie avait promis ses bons offices à la France impériale et non à la France républicaine.

Toutefois, et de l'aveu même des républicains, on pouvait encore traiter de la paix sans mutilation de territoire; la révolution victorieuse ne le permit pas et cet entêtement imbécile nous coûta deux provinces. L'Empire avait agrandi la France de la Savoie, la République nous séparait de nos frères d'Alsace et de Lorraine : les folies ambitieuses de ce gouvernement d'emeutiers incapables ont coûté plus de dix milliards au pays et ont fait couler un sang bien généreux ; une armée entière succomba, parce que leur diplomate étourdi avait oublié d'en faire mention.

Nous pouvons donc nous écrier comme le *Siècle* : « Ce ne sont pas les théories, mais les faits les plus incontestables qui condamnent les républicains opportunistes: après vingt années d'opposition tracassière, imprévoyante et bientôt coupable contre un gouvernement voulu par la nation entière ; après avoir saisi le pouvoir par le parjure et par la force, ils ont coûté à la France deux provinces et plus de deux mil-

liards, et les républicains se flatteraient
encore de conserver le gouvernement de
ce pays qu'ils ont ruiné, opprimé et livré!»

Voilà ce que nous pensons de nos adversaires. Est-ce l'amertume de la défaite
qui trouble nos esprits? Sont-ce les fu-
mées de l'orgueil qui obscurcissent leur
vue?

Ce grand procès historique est instruit:
le peuple français consulté peut seul rendre son arrêt souverain. Vaincus, nous
l'invoquons, et vainqueurs, vous le récusez.
C'est presque un aveu!

Agréez, Monsieur...

(L'Ordre du jeudi 31 mars 1881.)

IV

Monsieur le rédacteur en chef,

Le *Soleil* et la *Patrie* ont bien voulu s'occuper de la question de la revision; je leur dois une réponse.

Quant à la *Patrie*, je ne puis que m'applaudir de l'adhésion complète qu'elle donne à mes articles, et répéter avec elle : « La Constitution que nous subissons n'est nullement la volonté du pays. Née d'un vote de surprise et de hasard, pour ne pas dire d'une manœuvre frauduleuse, elle n'a reçu aucune consécration et elle n'a été acceptée que parce qu'il a été déclaré solennellement qu'elle était revisable en tout ou en partie. Que voulons-nous? tout simplement que le pays ait le droit de choisir son chef, non pas indirectement et par suite de conventions d'intrigues ourdies en vue de telles ou telles ambitions, mais directement par la voix du suffrage universel. Là, et là seulement, est le véritable fondement du gouvernement démocratique, et tous les sophismes, toutes les arguties des démocrates de circonstances n'y pourront rien. Ils allèguent, pour défendre ce qui est, que ce serait la révolution et que les revisionnistes ne visent qu'au renversement de la République. Cette argumentation porte en elle-même sa condamnation : si vous redoutez, en effet, que le vote populaire ne renverse la République, c'est évidemment que vous reconnaissez que la République actuelle n'est pas le gouvernement tel que l'ont voulu les masses, et que vous sentez que ce vote populaire vous rejetterait dans l'ombre. »

On ne saurait mieux dire, et il ne nous reste qu'à témoigner notre gratitude à M. Guyon, l'intelligent directeur de ce journal important qui défend d'une manière si heureuse les intérêts conservateurs et les droits du peuple.

Le *Soleil* n'est pas de si bonne composition. Par la plume élégante et autorisée de l'honorable M. de Césenna, et avec la complicité morale de M. Edouard Hervé que tout le monde dans la presse politique aime 'et honore, le *Soleil* entreprend de nous prouver : que la revision, pour légale qu'elle soit, est absolument inopportune ; qu'entendue à la manière de M. Barodet, elle pousse à la Convention ; qu'entendue à la manière de M. Boinvilliers, elle pousse à la dictature, et que, dans un cas comme dans l'autre, elle serait antipathique à la nation, qui ne veut sacrifier ni l'ordre avec le démocrate républicain, ni la liberté avec le démocrate autoritaire.

Admettons que le *Soleil* ait tous les genres d'intuition ; mais quelles confidences lui a faites la nation, et comment peut-il affirmer, par avance, son sentiment au sujet de la république actuelle ? est-il sûr que le pays voit dans cet établissement politique, bâclé comme on sait, l'idéal de l'ordre et de la liberté ? Nous ne serions, sans doute, pas loin de la vérité, en affirmant que M. Hervé lui-même n'a sur ce point aucune illusion, et que son idéal s'éloigne sensiblement des tristes réalités du jour. Au fond, notre honorable contradicteur est revisionniste, non pas comme nous, mais autant que nous; il nous cache la méthode qu'il compte employer pour en venir à ses fins, qui sont certainement une affection très calme pour la République, mais une ardeur sans seconde pour le régime parlementaire.

Lisez ces quelques lignes, et vous serez convaincu : « M. Edouard Boinvilliers soutient avec plus de talent, de conviction et de sincérité que d'opportunité une thèse revisionniste toute spéciale; ce qu'il veut surtout, c'est que le président de la République soit élu par le suffrage universel, comme en 1848, au lieu d'être nommé par le Sénat et la Chambre réunis en Congrès. Ne nous arrêtons pas aux mots; allons au fond des choses; pour tout le parti jérômiste, la fin du parlementarisme, c'est la fin du gouvernement du pays par le pays, puisque c'est la suppression du régime des majorités. M. Edouard Boinvilliers écarte le danger d'un conflit entre le président de la République élu par le suffrage universel et le pouvoir législatif, parce qu'il fait comprendre que le Sénat et la Chambre seraient alors, vis-à-vis du chef de l'Etat, dans une situation qui comporterait difficilement toute possibilité de lutte. A quelles conditions? A la condition que les mandataires de la nation perdraient toute leur influence sur la marche des affaires publiques, que le pouvoir législatif serait l'humble subordonné du président de la République. C'est ce qui nous fait dire que, dans la pensée de M. Edouard Boinvilliers, une revision replacerait la France sous la dictature. Elle n'en veut plus! »

Il faudrait cependant en finir avec cette contre-vérité : le *régime parlementaire assure en France l'ordre et la liberté*, il n'existe pas de thèse politique à laquelle l'histoire ait donné plus de démentis. La France sans souverain temporaire, à vie ou héréditaire, est comme une machine roulante qui, privée de son guide, marche à la diable, se heurte et se meurtrit à tous les obstacles, renverse les passants, et, finalement, s'abîme dans le premier trou qu'elle rencontre sur sa route : à toutes les époques sans exception, le parlementarisme a fatalement conduit à la République dont il n'est que l'antichambre. Qui dit Parlement, dit République prochaine et menaçante; il faut en prendre son parti, l'histoire ne se dédira pas pour faire plaisir à nos contradicteurs; comme j'ai l'honneur de les connaître, ils savent bien ne pas rencontrer dans la Constitution d'aujourd'hui plus de liberté que d'ordre; comment alors expliquer cette fidélité, par trop chevaleresque, à une institution qui produit des fruits si amers pour eux-mêmes, à en juger du moins par leurs confessions publiques et quotidiennes à ce sujet ?

Mais si on sort du Parlement qui conduit, il est vrai, à la République, on tombe dans la dictature. Et alors adieu le gouvernement du pays par le pays.

On a dit souvent qu'on mène les Français avec des mots; il faudrait, en effet, passer condamnation et accepter avec humilité ce dur reproche, si on continue d'entendre *le gouvernement du pays par le pays*, en ce sens bizarre que *le pays ne sera jamais consulté sur son gouvernement*. C'est pourtant à ces extrémités qu'on arrive en abritant son opinion politique derrière des phrases toutes faites qu'on ne se donne pas la peine de contrôler :

Mais quand le peuple aura fait entendre sa voix souveraine, les députés et les sénateurs n'auront plus l'influence que leur concède le régime parlementaire, le gouvernement, par le moyen des majorités, aura disparu !

Des mots, des mots, toujours des mots. Mais les majorités, dans le pays, auront, au contraire, un gouvernement à leur image, nécessairement préoccupé de leurs sentiments et de leurs besoins, car si le député d'un arrondissement est légitimement soucieux des intérêts de ses mandataires, l'élu du peuple l'est, naturellement, de ceux de la nation entière, et il faut véritablement torturer la langue française pour prétendre qu'un citoyen français cesse d'être libre le jour où il nomme son chef, tout en continuant à nommer ses députés, avec cette humble recommandation de ne pas renverser ce chef qu'il vient de choisir.

« Mais, tout au moins, s'écrie-t-on en désespoir de cause, ce n'est pas le Parlement qui nous aurait amené l'invasion de 1871. »

C'est encore une illusion qu'il faut perdre. En 1870, le régime parlementaire était dans son entier épanouissement : avant cette date, il avait déjà eu assez d'esprit pour nier la guerre qui s'approchait, et de prévoyance pour refuser les moyens d'y faire face; quand il fut le maître incontesté, il fit la république au lieu de faire la guerre et amena l'invasion : l'Empereur vivait encore en 1870, mais depuis plus d'un an l'Empire n'existait plus.

Le *Soleil*, quoi qu'il en dise, est absolument revisionniste, car le parlementarisme dont il est friand n'est certainement pas celui qui fleurit aujourd'hui : que, dans les élections, il vienne donc grossir notre phalange, et au Congrès il plaidera la cause d'un régme parlementaire libéral, sage, bienfaisant et ordonné, tel qu'il ne nous a pas été donné d'en voir jamais de semblable.

Le *Soleil* a tant d'esprit que peut-être il nous convaincra; qu'à notre tour il nous permette de compter sur son patriotisme, si nous lui donnons de bonnes raisons.

(*L'Ordre du dimanche 3 avril 1881.*)

V

Monsieur le Rédacteur en chef,

Vous voulez bien me demander, avant de quitter la thèse de la revision, de la traiter au double point de vue des républicains et des conservateurs. Parlons d'abord des radicaux.

L'honorable M. Barodet et un grand nombre de ses collègues de la Chambre des députés ont déposé, comme notre ami M. Lenglé, une demande tendant à la revision de la Constitution; ces deux projets, qui visent des buts fort dissemblables, se réunissent dans la critique la plus vive de notre machine politique actuelle. Il peut être intéressant, ne fût-ce que pour se rendre compte des chances de succès que l'avenir réserve à ces projets, de rechercher philosophiquement, en dehors de toute question de personnes ou de partis, la cause qui a fait naître à la fois sur deux points opposés de l'Assemblée une pareille proposition.

En s'arrêtant à la pensée la plus simple, celle qui frappe tous les esprits réfléchis, on n'aura pas besoin de passer outre et le problème sera complètement résolu : Notre Constitution politique, en effet, sans parler de ses nombreuses imperfections de détails, a révélé depuis qu'elle existe une impuissance réelle à mener à bonne fin une question extérieure, aussi bien qu'une question intérieure; frappée à sa naissance de stérilité,—peut-être avait-elle des parents un peu vieux — le maximum de sa force paraît être de se tenir debout : elle ne marche ni en avant ni en arrière, le *statu quo* est son seul orgueil ; on dirait une locomotive montée par un grand nombre de mécaniciens, qui ne s'entendant pas sur la direction à donner, ne réussissent qu'à s'empêcher mutuellement d'en prendre une.

Le résultat le plus clair de ce gouvernement, exercé par une variété nouvelle de nihilistes, a été l'étonnement, l'écœure-

ment et bientôt la désaffection ; il ne don-
nait et ne peut donner en effet satisfaction
à aucune théorie politique ; pour activer
le progrès, il faut une force ; pour résister
au progrès, il faut une force : la Convention, le Consulat, l'Empire, la monarchie
du droit divin, ont été des forces. Le régime parlementaire dans sa pureté n'est
qu'une faiblesse ; couvert des oripeaux mul-
ticolores dont l'a revêtu la Constitution de
1875, il ajoute à la faiblesse le ridicule.

Sans doute, la force peut servir à la fois
au bien et au mal, mais on n'empêchera
jamais les hommes de la rechercher, car,
sans elle, il n'y a de protection possible ni
pour les droits anciens ni pour les droits
nouveaux ; quand la loi ne nous oblige
pas à respecter la liberté de notre voisin,
nous la violons. Il est donc naturel que les
radicaux veuillent substituer à la machine
inerte d'aujourd'hui, un rouage plus actif
et plus hardi : leur idéal bien connu, c'est
la Convention, ou pour parler avec plus
d'exactitude, le Comité de Salut public ; ils
savent, en effet, aussi bien que nous,

qu'une Chambre souveraine ne peut gou-
verner efficacement, qu'en déléguant sa
haute puissance à quelques personnages
marquants : c'est une contre-façon populaire du conseil aristocratique des Dix.

Cet instrument de gouvernement est-il
aussi juste qu'il est fort ; est-il aussi res-
pectueux des droits anciens que des
droits nouveaux ; ne foule-t-il aux pieds
la tradition pour arriver au progrès, sans
se rendre compte que dans la composition chimique d'un progrès sérieux, on
compte toujours trois quarts d'esprit tra-
traditionnel pour un quart d'esprit nouveau ? Poser ces questions, c'est les résou-
dre. Mais il ne s'agit pas de nous, et tout
en répudiant ce mode de revision de la
Constitution, nous ne pouvons pas nous
dissimuler qu'il a des séductions, parce
qu'il est puissant.

Au surplus, et dans certains milieux,
on admire fort la Convention qui passe
pour être la mère glorieuse de la Révolution française ; il y a du vrai dans cette
erreur. La Convention a mis au monde un

enfant tout couvert de boue et de sang : le milieu impur dans lequel il était condamné à vivre rendait sa mort inévitable ; Bonaparte l'adopta et lui fit respirer un air plus sain ; mais comme l'Europe, à son tour, se précipitait sur l'enfant pour l'étouffer, Napoléon lui fit sa place à coups de canon. Le grand prince est mort vaincu, mais le grand principe est vivant et vainqueur.

La Convention a sa légende, elle est une force ; il est donc naturel qu'elle ait conservé des partisans. C'est le rêve des radicaux ; mais il existe d'autres républicains qui souhaiteraient très ardemment la revision de la Constitution, et qui la repoussent publiquement avec dédain : je veux parler des opportunistes, à la tête desquels se trouve l'honorable M. Gambetta.

Ceux-là méditent de donner sournoisement à la Constitution une entorse telle qu'elle ne pourra plus se tenir debout ; leur but est de grandir leur chef au moyen des élections générales prochaines, de manière à ce qu'il puisse enfin dominer et conduire, sans contestation possible, une Assemblée qui, livrée à elle-même, est absolument stérile.

On se doute bien qu'une pareille prétention n'a provoqué dans les rangs du parti bonapartiste aucun étonnement ; c'est aussi notre thèse à nous que l'Etat français a besoin d'un chef et qu'une assemblée, fût-elle composée d'intelligences hors ligne, est un détestable souverain ; mais quand nous proposons un chef nous le montrons à tous, et le pouvoir que nous entendons lui conférer doit être ratifié par le peuple entier ; les opportunistes rêvent de renverser le régime parlementaire et n'oseraient jamais l'avouer ; ils cherchent un maître, et se fâchent quand on le leur dit, ils savent bien que les intrigues parlementaires n'ont pas la vertu des plébiscites et qu'un chef qui est né dans les coulisses de la Chambre ne saurait avoir la constitution robuste d'un enfant de France. Sans doute, dit-on, l'autorité lui manquera, mais on se promet de lui venir en aide avec des trésors de docilité.

C'est là une politique qui n'est pas sincère, et sous ce rapport, je préfère de beaucoup celle des radicaux; ils savent bien que nous sommes ennemis, mais ce sont des ennemis loyaux, qui disent hautement ce qu'ils veulent.

Il y a, de par le monde, d'aimables et de pudiques politiciens qui se voileront la face en apprenant que les bonapartistes et les radicaux poursuivent momentanément le même but. Ils cherchent tous deux à reviser la Constitution. Que ces effarouchés plus ou moins sincères veuillent bien nous faire comprendre pourquoi nous devrions déserter nos propres principes parce qu'il plaît à certains de nos adversaires de les adopter, et comment, en particulier, nous serions dans l'obligation d'abandonner notre thèse de la revision, parce que l'honorable M. Barodet et ses amis la soutiennent.

Il y a d'ailleurs des susceptibilités intermittentes qui ont le don d'amener le sourire sur les lèvres. Comment s'est fait le 4 Septembre, et quelles sont les mains qui

y ont applaudi ? Les bonapartistes auraient
le droit de s'en souvenir !

Agréez, etc.

(*L'Ordre du dimanche 10 avril 1881*).

VI

Monsieur le rédacteur en chef,

Je vous ai promis de traiter en dernier lieu de la revision au point de vue des conservateurs.

Il va sans dire qu'ils sont tous revisionnistes puisque aucun d'eux ne montre de goût pour notre Constitution, mais ils le sont chacun à leur manière. Les légitimistes se montrent les plus acharnés, ils ne veulent pas seulement modifier mais détruire ; on ne voit pas jusqu'ici qu'ils comptent porter le drapeau de la revision dans les futures élections générales : cette réserve n'est certainement pas de leur part un ménagement pour la République ; elle dérive donc d'un autre sentiment qui reste encore obscur pour nous ; craignent-ils, en demandant seulement la revision, de ne pas montrer suffi-

samment de fierté et de courroux à l'endroit
de notre gouvernement ? Ils oublieraient
alors que la Constitution est revisable de
fond en comble, et que réunis en Congrès
en nombre suffisant, ils peuvent obtenir
jusqu'au comble de leurs prétentions ; ont-
ils quelques scrupules au sujet des alliés
qu'ils pourraient rencontrer dans cette
commune revendication ? Il est vrai, en ce
qui nous regarde, qu'ils nous ont toujours
combattus, quoique l'Empire soit le seul
pouvoir qui ait eu la force d'assurer à leurs
noms et à leurs personnes le respect que
toute civilisation doit aux représentants de
glorieuses traditions ; il n'y a cependant
aucune confusion possible entre les deux
partis, et quand leurs candidats récipro-
ques se présenteront sur la plate-forme,
tout le monde saura à l'avance que leurs
modes de revision sont très différents :
fidèles à nos anciennes traditions nationa-
les, nous demanderons un chef au peuple
assemblé dans ses comices, tandis qu'eux
en ont déjà un, qu'ils entourent légitimement de leur respect, mais auquel ils n'en-

tendent pas faire courir les hasards d'une élection.

En ce qui regarde les radicaux, la différence est encore plus sensible, il est bien difficile d'admettre, en effet, que l'électeur le plus borné vote pour M. Barodet, en croyant nommer un légitimiste, ou pour M. de La Rochefoucauld en pensant faire arriver un conventionnel au Congrès; reste donc la répugnance vertueuse qu'on éprouverait à faire quelques pas dans le même sens que les radicaux; cette répugnance serait bien nouvelle pour être profonde, car on est allé très loin avec eux dans certaines circonstances, qu'il ne nous sied pas de rappeler en ce moment.

De bonnes raisons, pour ne pas s'enrôler avec les partisans de la revision, je n'en vois donc pas et j'ajoute que la réserve des légitimistes n'aura servi à rien, puisque leurs élus, qui veulent renverser la Constitution, ne pourront jamais être comptés au nombre de ceux qui veulent la conserver intacte : ce seraient des revision-

nistes sans le vouloir et sans le savoir. A
leur place, j'aimerais autant ne pas relé-
guer dans l'ombre le titre qui leur vaudra
le plus de sympathies auprès de nos intel-
ligentes populations conservatrices, peut-
être plus préoccupées aujourd'hui d'éviter
« le fond » que de monter « au comble » ;
mais je reconnais très humblement
que ce ne sont pas là nos affaires et il me
suffit que le parti légitimiste, *volens, nolens*,
fasse les affaires de la revision et que son
vote, quelque nom qu'il lui donne, soit
forcément mis au compte de la cause commune.

Comme leur *Journal des Débats*, les orléanistes sont *politiques et littéraires* ; fer-
vents admirateurs de toutes les œuvres de
l'esprit, ils parlent et écrivent mieux que
personne. Un orléaniste de qualité débute
par l'opposition, fait quelques années de
purgatoire à la *Revue des Deux-Mondes*, et
entre de plain-pied au paradis académique,
ce qui ne l'empêche pas d'être député, et
parfois ministre ; dans toutes les étapes de
sa carrière on le retrouve, homme du

monde accompli, et souriant à tous et à
tout, hormis à la mauvaise fortune.

Il fallait bien un petit défaut à cet être
comblé par la providence : il est vrai, en
effet, que le succès l'attire, et que dans ces
derniers temps il est tombé dans la république.

Mais comme, malgré cette chute, l'admi-
nistration républicaine continuait à fonc-
tionner, je veux dire à destituer, ils ont
été jetés comme les autres par dessus bord,
et les voilà aujourd'hui sur le sable, tout
transis, maugréant contre les rustres
qu'ils avaient tenté de décrasser, et recou-
verts d'habits dont l'orage a terni les couleurs, à ce point qu'un électeur qui vien-
drait à les rencontrer ne saurait vraiment
pas s'il a affaire à un vagabond ou à un
orléaniste.

Ils doivent donc avoir plus hâte qu'aucun de nous de réformer une Constitution
si mal apprise, et de rendre au régime
parlementaire dont ils sont les apôtres les
plus éloquents, son lustre d'autrefois.
Comment pourraient-ils souffrir que l'on

continuât à décorer de ce nom ce régime sans nom, où les ministres reçoivent dans une posture héroïque et par les mains de la majorité, un nombre incalculable de soufflets sans jamais avoir la pensée de déposer leurs portefeuilles? Où les ministres ont inventé, contre les chutes autrefois possibles, cet expédient vainqueur : *Le cabinet se désintéresse du débat ; quelle qu'en soit l'issue, il ne donnera pas sa démission.*

De pareilles hérésies ne sauraient être tolérées par de vrais parlementaires. Donc, on fera comme tous les camarades et on marchera avec le drapeau de la revision ; sans doute ce ne sera point la revision des bonapartistes, encore moins celle des radicaux : ce sera peut-être bien la revision conservatrice et libérale ; nous ne sommes pas en peine, ces gens d'esprit trouveront bien leur formule, que nous acceptons d'avance, puisque ce sont des voix nouvelles acquises à la revision tout court.

Lorsque, dans quelques mois, nous devrons tous pratiquer cette politique, y aura-t-il avantage dans le cas où le scrutin de liste prévaudrait, à présenter à l'électeur des listes qui se distingueraient par leurs couleurs propres, ou bien faudrait-il admettre dans ces listes indistinctement tous les revisionnistes de nuances diverses ?

Les listes bonapartistes sont ouvertes à tout le monde. On ne demandera à personne ni d'où il vient, ni où il va. Pourvu qu'il soit revisionniste, le républicain modéré, le radical, l'orléaniste et le légitimiste peuvent s'y rencontrer à nos côtés ; mais fera-t-on bien, d'une manière générale, de profiter de la libéralité du chef de notre parti ? Ce n'est pas notre avis.

Supposons que dans un département on compte 20,000 revisionnistes, dont 10,000 légitimistes ou orléanistes et 10,000 bonapartistes. Si la liste est commune, il est très probable qu'elle ne recueillera que 12 à 15,000 voix au plus, car il y a des électeurs bonapartistes qui ne voteront jamais pour des candidats légitimistes et *vice versâ*; la revision aura donc perdu dans ce département de 5 à 8,000 voix. Si la liste au lieu d'être panachée de blanc et de bleu l'était encore de rouge, l'électeur ahuri serait dans le cas de ne plus voter du tout ; de pareilles erreurs pourraient nous coûter la victoire que l'on peut considérer, au contraire, comme certaine, si l'on profite de tous ses avantages.

Il faut lever enfin une dernière objection faite à ce plan, qui paraît devoir satisfaire aux vœux de la grande majorité des Français, sans recourir à l'expédient ruineux et usé d'une révolution. Mais, nous dit-on, où vous conduira cet effort politique ? Vous serez sans doute assez nombreux pour obtenir qu'on revise la Constitution, mais vous ne vous entendrez pas plus sur la manière de la reviser, qu'autrefois sur la manière de la détruire, et après avoir constaté l'impossibilité d'une entente commune, vous aboutirez encore une fois au *statu quo*.

Ce raisonnement manque de justesse sur plusieurs points, car lorsque les élections ont amené sur la scène une majorité conservatrice, elle n'avait reçu, à aucun degré, de ses mandataires mission de détruire ou de reviser une Constitution qui n'existait pas, et si l'on veut se rappeler le sentiment qui animait le pays tout entier à ce moment, on constatera que c'était un vœu de paix et de conciliation, plutôt favorable que contraire au gouvernement anonyme qui régnait alors ; on voulait se donner le temps de faire un essai.

Or, le temps s'est écoulé et l'essai n'a pas réussi, la situation s'est donc profondément modifiée.

Les revisionnistes réunis en Congrès seraient infidèles à leurs électeurs s'ils ne revisaient pas. Je n'ai pas la prétention d'assurer qu'on trouvera tout à coup la formule de la revision, mais on finira forcément par là ; il est contraire à la nature des choses que quatre à cinq millions d'hommes aient exigé la modification de la Constitution, et qu'on la leur refuse.

En définitive, il existe pour les citoyens que l'état de choses actuel alarme à juste titre, un moyen pratique et sage, pacifique et légal, d'arriver à leur but.

C'est à leur sagesse d'aviser.

Agréez, etc.

(L'ORDRE *du Samedi 16 avril 1881*)

Je résume en quelques mots ces quelques lettres.

Pour redresser une Constitution qui ne répond pas aux vœux de la nation il n'existe, en l'absence du plébiscite, que deux moyens : la révolution dont personne ne veut plus, ou la réunion sur un terrain commun de tous les citoyens qui demandent la réforme.

Aux élections générales prochaines ces citoyens n'auront qu'un terrain commun, celui de la *Revision*; c'est en vain qu'on en chercherait un autre, il n'en existe pas.

Quant aux bonapartistes, ce sont assurément les plus libéraux des revisionnistes, puisqu'ils demandent leur chef au pays, leur prince, d'ailleurs, par horreur de l'équivoque, exagère plutôt qu'il ne voile sa politique, et en la soumettant au corps électoral, il donne à tous les Français, amis ou ennemis, la liberté la plus complète de le juger.

Elu ou non élu, le chef des bonapartistes aura rempli la mission héréditaire des Napoléons en rendant au peuple le droit qui lui appartient et dont il a été frauduleusement dépouillé.

Paris. — Imp. Dubuisson et Cᵉ, rue Coq-Héron, 5.

OUVRAGES DE M. ED. BOINVILLIERS

Tableaux d'Histoire de France, in-4°. Paris, 1861.

Éléments d'Histoire de France, in-12, Paris, 1861.

Études politiques et économiques, 1er vol. in-8°, 1863.

SOMMAIRE : La politique de conciliation. — Les chemins de fer à bon marché. — Les navires cuirassés. — Le Sénatus-Consulte du 20 décembre 1861. — La théorie du Gouvernement constitutionnel suivant M. Thiers. — Le régime de la Presse. — Les tarifs de chemins de fer dans la nouvelle politique commerciale de la France. — Questions financières et industrielles, M. Bartholony. — De quelques modifications dans le tarif des douanes, M. Amé.

Études politiques et économiques, 2e vol., in-8°, 1863.

SOMMAIRE : Des transports à prix réduits sur les chemins de fer ; 1re, 2e, 3e parties. — Les travaux du Corps législatif 1852-1860. — Session législative 1857-1858. — L'art. 5 de la loi de douane de 1836. — Le libre-échange français. — Liberté. — Nationalité.

Études politiques et économiques. 3e vol., in-8°, 1866.

SOMMAIRE : L'Empire et le Parlement. — L'École libérale et le Régime parlementaire de 1830 à 1848. — La liberté sous le régime parlementaire. — La session du Corps législatif 1863-1866. — L'État et les chemins de fer en 1865.

Études politiques et économiques, 4e vol., in-8°, 1877.

SOMMAIRE : Paris le Tyran.

Causeries politiques - 1 vol. in-12, 1872.

Le Catéchisme impérial, 1873.

La Loi électorale, broch., 1874.

Le Septennat, broch., 1874.

L'Esprit des Lois constitutionnelles de M. le duc de Broglie, 1874.

Manuel de l'Électeur indépendant, broch., 1875.

Les Droits et les Devoirs de l'Impérialiste, br., 1875.

L'Électeur et le Candidat, broch. 1876.

Les Chemins de fer désastreux, broch. 1879.

Les Partis aux Élections générales, broch. 1880.

L'honorable M. Piteux, broch., 1880.

Paris. — Imp. Dubuisson et Cᵉ, rue Coq-Héron, 5.